Te 18/383

PETITE MOSAÏQUE

OU

CHOIX DE DIFFÉRENTES NOTES

UTILES A TOUTES LES CLASSES DE LA SOCIÉTÉ

SUR LA CHIMIE, LA BOTANIQUE ET LA MÉDECINE,

Par J. MESSIRE,

Auteur de plusieurs ouvrages d'éducation, dont un
a reçu une mention honorable.

> Rien n'échappe à l'œil de l'observateur.
> Il est vrai que les actions les plus indiffé-
> rentes en apparence peuvent mener aux plus
> belles découvertes l'homme qui réfléchit.

TOULOUSE

IMPRIMERIE VEUVE DIEULAFOY ET COMPᵉ,
rue des Chapeliers, 13.

1856.

PETITE
MOSAÏQUE

OU

CHOIX DE DIFFÉRENTES NOTES

UTILES A TOUTES LES CLASSES DE LA SOCIÉTÉ

SUR LA CHIMIE, LA BOTANIQUE ET LA MÉDECINE,

Par J. MESSIRE,

Auteur de plusieurs ouvrages d'éducation, dont un a reçu une mention honorable.

Rien n'échappe à l'œil de l'observateur: il est vrai que les actions les plus indifférentes en apparence peuvent mener aux plus belles découvertes l'homme qui réfléchit.

TOULOUSE,

IMPRIMERIE VEUVE DIEULAFOY ET COMP^e,

rue des Chapeliers, 13.

1856.

TABLE.

A nos Lecteurs, ... 5

1re PARTIE. — CHIMIE.

Encre communicative pour copier les lettres. 8
Pour faire de très-bonne encre sans feu. . . . 9
Encre facile à faire pour marquer le linge. . . 10
Encre pour écrire sur le zinc. . . . . id.
Pour faire revivre l'or des broderies. 11
Manière de nettoyer les bijoux. . . . . id.
Pour nettoyer l'argenterie. . . . . id.
Pour donner la couleur de l'acajou à toute espèce de bois. . . . . id.
Mastic qui prend très-bien sur le bois et sur le verre. 12
Vernis pour ornements. . . . . id.
Encollage. 13
Pour les amateurs de la pêche. 14

2e PARTIE. — ÉTUDE DES PLANTES.

Plantes employées en médecine, à cultiver dans les jardins. 15
Plantes sauvages employées en médecine. . . 17

FLEURS.

Pages

Pour obtenir sur le même pied des fleurs de différentes couleurs. 21
Transplantation des plantes. . . . . id.
Eau de végétation pour les jardins. 22
Pour conserver des fleurs séparées de leurs tiges. 23
Pour extraire le parfum des fleurs. 24
Pour conserver les fruits, raisins, poires, etc. . id.

3e PARTIE. — PHARMACIE DOMESTIQUE

Maladie des yeux. 26
Eau pour fortifier la vue. . . . . id.
Contre l'inflammation des paupières. 27
Pour les maux de tête. . . . . id.
Maux de dents. 28
Vertu du cassis . . . . id.
Pour la toux sèche. 30
Contre l'enrouement et les rhumes invétérés. . id.
Remède contre la fièvre intermittente. 31
Poudre syphilitique et tisane anti-syphilitique 32
Pour les abcès et pour les tumeurs. 33
Suppression des menstrues. . . . . id.
Contre l'écoulement immodéré des menstrues. 34
Pour toutes les maladies de la matrice. . . . . id.
Elixir de muguet. 35
Pour les vers des enfants. . . . . id.

A NOS LECTEURS.

La fortune s'envole ; la science reste.

Cherchons constamment à orner notre esprit de connaissances utiles : c'est le véritable moyen de se procurer des jouissances inconnues à l'homme indifférent, à l'homme qui ne cherche point à s'instruire.

Les sciences et les arts offrent de si grands avantages, que nous ne saurions nous y livrer avec trop d'ardeur. Ne craignons donc jamais de consacrer trop de temps à l'étude ; celui qui s'y plaît s'aperçoit sans cesse que, plus il étudie, plus il lui reste à apprendre. — L'instruction n'ayant point de bornes, nous ignorons toujours plus de choses que nous n'en connaissons.

Par la variété des notes curieuses et intéressantes qui composent ce petit opuscule, nous aimons à penser qu'il sera utile et agréable à tous ceux qui en prendront lecture. Atteindre ce but, c'est là notre unique ambition.

J. MESSIRE.

PREMIÈRE PARTIE.

> L'expérience et l'observation sont les seuls guides assurés qui puissent conduire l'homme dans les sentiers de la nature.

CHIMIE.

L'industrie humaine est une seconde nature dont les productions immenses frappent d'étonnement et d'admiration. Les laboratoires de la nature sont rarement accessibles, ses opérations sont généralement lentes, et le temps entre pour beaucoup dans ses résultats. Les ateliers de l'industrie sont à découvert. L'homme pressé de jouir n'attend rien, ou presque rien, du temps; il arrive rapidement à ses fins, et force, pour ainsi dire, les matières premières, par tous les moyens que lui suggère son imagination, à se plier au gré de ses désirs.

Encre communicative pour copier les lettres.

Le célèbre Watt imagina un procédé fort ingénieux et très connu aujourd'hui en Europe.

Ce procédé consiste à appliquer une feuille de papier mince et non collé sur une lettre fraîchement écrite avec une encre hygrométrique, et à la soumettre ensuite à l'action d'une presse ; par ce moyen, la lettre est copiée avec autant d'exactitude que de célérité.

RECETTE.

Noix de galle	500 gr.	dans 3	litres d'eau.
Bois de campêche	125	dans 1	—
Racine de guimauve	75	dans 1	—
Sulfate de fer calciné	500 }	dans 1	—
Sulfate de cuivre	225 }		
Gomme arabique	250 }	dans 1	—
Sucre brut	250 }		
TOTAL		7 litres.	

Faire infuser à chaud, pendant une heure, la noix de galle, le bois de campêche, la racine de guimauve, les sulfates de fer et de cuivre, la gomme arabique et le sucre dans la quantité d'eau désignée, sans laisser bouillir; mélanger le tout, à l'exception de la gomme et du sucre, que l'on ne met que six heures après, et laisser reposer pendant douze heures, après avoir remué le mélange.

Alors on décante le liquide, et on le met dans des flacons.

Pour faire de très bonne encre sans feu.

Mettez dans un pot de terre 360 grammes de noix de galle concassée; versez dessus un pot de vin blanc, de bière, ou d'eau de pluie ou de puits; laissez infuser pendant cinq jours; ajoutez-y 360 grammes de couperose verte, 120 grammes de gomme arabique, 30 grammes de sucre candi, une demi-poignée de sel et une pincée de bois d'Inde. Laissez infuser de nouveau pendant deux ou trois jours. Peu après avoir versé doucement cette première encre dans des bouteilles, on peut ajouter pareille quantité de liquide, qui, sept à huit jours après, donne encore de bonne encre.

Encre facile à faire pour marquer le linge.

Mêler 30 grammes d'encre d'imprimerie avec 4 grammes de nitrate d'argent en poudre.

Encre pour écrire sur le zinc.

Nous pensons faire plaisir au botaniste-cultivateur en lui donnant la préparation suivante, pour indiquer les noms des plantes.

Prenez : vert de gris en poudre... 4 gra.
        sel ammoniac en poudre 4 id.
        noir de fumée............ 2 id.
        eau...................... 40 id.

On mêle le tout avec soin dans un mortier ; on conserve cette encre dans une bouteille bien bouchée. Lorsque l'on voudra s'en servir, on secouera bien le mélange avant d'y tremper la plume. Les caractères qu'elle laisse sur le zinc ne tardent pas à prendre beaucoup de solidité, surtout après quelques jours.

Pour faire revivre l'or des broderies.

Mon moyen consiste dans une dissolution de gomme-gutte et de sang-dragon faite par de bon esprit de vin, que je fais passer à l'aide d'un pinceau sur l'or.

Manière de nettoyer les bijoux.

Les faire bouillir dans un litre d'eau avec 90 grammes de sel ammoniac, ou moins, en observant les mêmes proportions.

Pour nettoyer l'argenterie.

Un procédé éprouvé est celui-ci : réduire en poudre : crême de tartre, blanc d'Espagne 60 grammes, alun calciné 30 grammes ; arroser deux fois de fort vinaigre, et conserver le tout, pour s'en servir ; délayer la poudre sèche dans de l'eau, et frotter avec une brosse ou avec un morceau de flanelle.

Pour donner la couleur de l'acajou à toute espèce de bois.

Prenez 500 grammes de bois de campêche, 60 grammes de sagranome, 120 grammes de son de boulanger, et faites bouillir le tout pendant 15 minutes.

Mastic qui prend très bien sur le bois et sur le verre.

Prendre 390 grammes brique ou argile cuite pulvérisée, 30 grammes litharge en poudre très fine.

Mêler à une quantité d'huile de lin suffisante pour former une pâte la plus épaisse qu'il sera possible. Ce mastic ne sèche pas vîte, mais il devient très dur et inaltérable.

Vernis pour ornements.

Réduisez en poudre un bâton de cire blanche à cacheter superfine, et mettez la matière dans une fiole avec un demi-quart de litre d'esprit-de-vin ; exposez la bouteille à une température qui puisse faire fondre la cire, et aussitôt que le mélange sera opéré, vous pourrez vous servir du produit ; s'il est trop épais, il suffira d'y ajouter un peu d'esprit-de-vin. En bouchant bien la fiole, on peut conserver ce vernis longtemps. Il faut l'étendre très légèrement avec un pinceau.

Deux ou trois couches suffisent pour obtenir un éclat brillant.

Encollage.

C'est une préparation qui sert à rendre le papier imperméable ; ainsi, toute estampe que l'on veut colorier doit, avant tout, être encollée. Pour encoller une estampe, on peut, ou la tremper entièrement dans l'encollage, ou bien, avec une éponge fine ou un pinceau, prendre l'encollage et l'étendre sur les deux côtés de la feuille, dessus et dessous.

Pour faire l'encollage.

Pour un litre d'eau, prenez :
30 grammes d'alun,
3 grammes savon blanc sans odeur,
20 grammes celle de Flandre bien blanche.

Divisez le litre d'eau en trois parties égales ; faites fondre dans chacune d'elles un des trois ingrédients. Quand tout sera fondu, réunissez le litre d'eau dans un vase, et faites bouillir le tout ensemble pendant quelques secondes : l'encollage sera fait.

Avant qu'il soit refroidi, vous le passerez dans un linge, et immédiatement après vous pourrez vous en servir.

Cet encollage peut se conserver assez longtemps ; mais chaque fois qu'on veut l'employer, il faut le faire chauffer jusqu'à ce qu'il soit entièrement liquide.

Pour les amateurs de la pêche.

Prenez une ou deux poignées du plus gros froment, faites-le bouillir dans du lait jusqu'à ce que le grain soit bien attendri ; alors vous le fricasserez à petit feu avec du miel et un peu de safran délayé dans du lait. Vous vous servirez de ces grains pour amorcer.

DEUXIÈME PARTIE.

ÉTUDE DES PLANTES.

L'étude des plantes, cette partie de l'histoire naturelle qui a tant d'attraits, qui est si agréable, si curieuse, n'intéresse pas seulement le médecin; elle est encore fort utile à l'agriculteur et à celui qui s'occupe d'économie publique. En effet, si l'un doit avoir une connaissance exacte des végétaux considérés comme substances nutritives et médicamenteuses, les autres n'ont pas moins d'intérêt à les bien connaître, soit pour les cultiver avantageusement, soit pour faire prospérer les espèces ou apprécier les différents produits qu'elles peuvent fournir aux arts.

Plantes les plus usuelles en médecine, à cultiver dans les jardins.

Absinthe (feuilles et fleurs) — stomachique.
Angélique (racine) — stomachique.
Armoise (feuilles et fleurs) — fortifiante, apéritive.
Aunée (*enula campana*) (racine) — pectorale.
Basilic (toute la plante) — fortifiant, résolutif.

Bétoine (feuilles) — fortifiante, sternutatoire.
Buglose (feuilles et fleurs) — cordiale, pectorale.
Bourrache (feuilles et fleurs) — cordiale, pectorale.
Camomille romaine (feuilles et fleurs) — fortifiante.
Chicorée sauvage (feuilles) — détersive, apéritive.
Chardon béni (feuilles) — sudorifique, cordial.
Cabaret (azarum) (racine) — purgatif doux.
Cochlearia (feuilles) — anti-scorbutique.
Fenouil (feuilles et tiges) — fortifiant.
Guimauve (racine) — pectorale.
Hyssope (feuilles et fleurs) — fortifiante.
Iris de Florence (racine) — pectorale.
Laurier (baies) — détersif, résolutif.
Lavande (fleurs) — fortifiante, apéritive.
Lys (ognon) — résolutif.
Marjolaine (feuilles et fleurs) — fortifiante.
Menthe (toute la plante) — fortifiante, résolutive.
Pavot blanc (têtes) — adoucissant, narcotique.
Romarin (feuilles et fleurs) — apéritif.

Sauge (feuilles) — stomachique.
Thym (toute la plante) — fortifiant.
Violette (fleurs) — pectorale.

Plantes sauvages employées en médecine qu'on ne cultive point.

FRICHES.

Aigremoine (feuilles) — humectante, détersive.
Bouillon-blanc (fleurs) — adoucissant, détersif.
Bourse à berger (toute la plante) — vulnéraire.
Chiendent (racine) — laxatif, apéritif.
Ciguë (feuilles) — résolutive extérieurement.
Chardon-Roland (racine) — diurétique, apéritif.
Glouteron-bardane (feuilles) — diurétique, détersive.
Hyèble (feuilles) — résolutif, fortifiant.
Mauve (fleurs et feuilles) — émolliente, apéritive.
Millepertuis (fleurs) — détersif, vulnéraire.
Morelle (feuilles) — rafraîchissante.
Ortie (feuilles) — incisive, détersive.

Pas-d'âne (fleurs et racine) — pectoral, adoucissant.

Ronce (sommités, fruits) — pectorale, astringente.

Tanaisie (fleurs et feuilles) — carminative, apéritive.

MURAILLES.

Pariétaire (toute la plante)—apéritive, émolliente.

HAIES.

Sureau (fleurs et baies)—cordial, sudorifique.

EAUX VIVES.

Cresson (toute la plante) — incisif, apéritif.

ÉTANGS.

Nénuphar (fleurs et racine) — adoucissant.

BLÉ

Coquelicot (fleurs) — pectoral, adoucissant.

PRÉS.

Grande consoude (racine) — incrassante.

PELOUSE.

Eufraise (fleurs) — ophthalmique.

Serpolet (toute la plante) — stomachique, apéritif.

PELOUSE, PRÉS.

Plantains (feuilles) — vulnéraire.

VIGNES.

Aristoloche clématite (racine) — détersive.
Coqueret (fruits) — diurétique.
Fumeterre (toute la plante) — apéritive.
Mercuriale (feuilles et tiges) — émolliente.

BOIS.

Bugle (toute la plante) — apéritive.
Chamederis (toute la plante) — sudorifique.
Genièvre (baies) — stomachique.
Herbe à Robert (toute la plante) — vulnéraire.
Lierre terrestre (feuilles) — détersif.
Muguet (fleurs) — céphalique.
Patience (racine) — laxatique.
Petite centaurée (sommités fleuries) — fébrifuge.
Polypode (racine) — apéritif, dessicatif.
Pulmonaire (feuilles) — détersive.
Valériane sauvage (racine) — vulnéraire.
Véronique mâle (feuilles) — pectorale.

AVOINE.

Mélilot (feuilles et tiges) — émollient.

TERRES LABOURÉES.

Arrête-bœuf (racine) — détersif.

FLEURS.

Pour l'homme porté par un penchant irrésistible vers l'étude de la nature, la culture des fleurs est un objet d'amusement pour lequel il se passionne. Les soins, la peine, la fatigue, rien ne lui coûte. L'amateur y porte toutes ses affections ; la possession exclusive d'une espèce, d'une variété, a pour lui le prix d'un trésor ; et la plus belle conquête qu'il puisse faire, est celle qu'il croit n'avoir pas eu de semblable. C'est à ce goût vif, constant, que nous devons cette multitude de variétés dans les tulipes, les jacinthes, les renoncules, les anémones, les primevères, etc.

Pour obtenir sur le même pied des fleurs de différentes couleurs.

Prendre le goulot d'une bouteille à vin, semer dessous des graines, qui, étant obligées de passer par le même trou lorsqu'elles ont germé, se réunissent par la pression.

Nous avons vu pratiquer ce procédé avec succès.

Transplantation des plantes.

Après avoir préparé la terre dans laquelle on veut replanter, il faut arroser cette terre et la laisser reposer jusqu'au lendemain. Alors on pourra planter; mais il ne faut arroser qu'autant que la plante commence à pousser. Il faut avoir soin de la garantir des ardeurs du soleil, qui lui ferait faire une trop grande transpiration dans ce premier temps. Avec ces précautions, on ne perdra aucune des plantes qu'on aura changées de terre.

Eau de végétation pour les jardins.

L'efficacité de cette eau est démontrée par l'expérience.

Les plantes et légumes qui en sont arrosés grossissent prodigieusement, et ont un goût excellent ; il en est de même des fruits, qui viennent aussi en plus grande quantité. On peut encore y faire tremper les semences avant de les semer ou planter, jusqu'à ce qu'elles y gonflent. Cette expérience, aussi facile que curieuse, est toujours suivie d'un heureux succès.

Prenez une partie de nitre ou salpêtre, c'est-à-dire 250 grammes, 500 grammes, 1000 grammes, ce que l'on voudra, et deux parties de sel commun, c'est-à-dire le double ; mettez-les dans un creuset, et faites-les fondre ensemble. Quand ils seront fondus, retirez-les du feu, laissez-les refroidir, et sur 500 grammes de cette matière, versez-y 10 litres d'eau. Les sels s'y dissoudront, et alors vous en arroserez vos arbres et vos plantes, et vous y ferez tremper vos semences.

Il y a lieu de penser que la fécondité que cette eau donne aux plantes et aux semences est l'effet de la réunion des deux sels de mer et de terre. Les plantes qui en sont arrosées attirent une rosée abondante dans les nuits les plus sèches, lors même que les plantes voisines ne paraissent pas avoir été humectées.

Pour conserver des fleurs séparées de leurs tiges.

On a trouvé un moyen bien simple pour conserver les fleurs, ces beautés éphémères de la nature, et qui en font un si bel ornement.

Celles de ponceau et de cramoisi reviennent à la vapeur de la solution d'étain dans l'esprit de nitre. La vapeur de la solution de la limaille de fer dans l'esprit de vitriol rend le vert aux feuilles et aux tiges.

Le docteur Hany a employé avec succès un moyen pour conserver dans leur couleur naturelle les pétales d'un grand nombre de fleurs désséchées. — Il consiste à plonger pendant quelques instants ces pétales dans l'esprit de vin. Les couleurs s'y affaiblissent d'abord; mais bientôt elles reprennent toute leur vivacité, qu'elles conservent ensuite pour toujours.

Pour extraire le parfum des fleurs.

Prenez une quantité de pétales d'une fleur quelconque à odeur ; cardez quelques morceaux de ouate, que vous trempez dans de l'huile d'olive; semez un peu de sel fin sur les fleurs, et étalez alternativement une couche de ouate et une couche de fleurs dans un pot ou bocal de verre jusqu'à ce qu'il soit plein ; couvrez ensuite le haut avec une vessie, et exposez le bocal à la chaleur du soleil. Au bout de quinze jours, lorsque vous découvrirez le bocal, vous pourrez extraire une huile odoriférante.

Pour conserver les fruits, raisins, poires, etc.

Prenez un tonneau neuf; garnissez-le au fond et sur les côtés avec du son de froment séché au four; ensuite mettez un lit de fruits, un lit de son, jusqu'à ce que le tonneau soit plein. Au bout de huit mois, vous trouverez vos fruits aussi frais que si vous veniez de les cueillir ; mais il faut avoir soin de fermer exactement le tonneau, pour que l'air ne puisse y pénétrer.

TROISIÈME PARTIE.

> Les remèdes les plus simples doivent toujours être préférés, car, *s'ils ne font pas de bien, ils ne font pas de mal.*

PHARMACIE DOMESTIQUE.

Peut-on faire un plus bel usage de son temps, que de l'employer à faire du bien ? Nous avons vu nombre de personnes opulentes se former dans leurs habitations champêtres une espèce de pharmacie où l'indigent malade trouvait les secours qu'il pouvait désirer. On ne saurait donner trop d'éloges à ces dispositions charitables et désintéressées ; elles sont le caractère de la vertu, le partage d'une âme sensible, et la marque d'un excellent cœur.

Maladie des yeux.

Un médecin de notre connaissance, très-bon oculiste, employa un moyen bien simple pour guérir les maux d'yeux. Il fit prendre le blanc d'un œuf, dans lequel il fit mettre du camphre et du sucre : on battit le tout dans une assiette d'étain, jusqu'à ce qu'il écumât ou moussât comme de la crème fouettée ; on en fit ensuite un cataplasme que l'on appliqua sur l'œil malade, et l'on fut guéri en très peu de temps.

Ce remède simple, aisé, peu dispendieux, guérit la rougeur et l'inflammation des yeux, de quelque cause qu'elles proviennent.

Eau pour fortifier la vue.

Prenez de la fleur d'eufraise fraîchement cueillie, faites-en une infusion, et bassinez-vous-en les yeux quatre fois par jour ; l'on peut encore se servir du suc exprimé de cette plante qui est très commune dans les bois, et très souveraine pour rétablir la vue affaiblie par la lumière ou par la maladie ; mais ce qu'il y a de certain, c'est que plusieurs personnes qui avaient presque perdu la vue dans les pays chauds, l'ont recouvrée en faisant usage de ce remède.

Contre l'inflammation des paupières.

Un cataplasme de feuilles de grand plantain, bouillies et appliquées tièdes sur l'œil, en calme promptement l'inflammation. On en voit de très-fortes guéries du soir au matin par ce simple moyen.

L'infusion de mélilot a la même vertu.

Pour les maux de tête.

Prenez cinq ou six racines de chicorée sauvage, faites-les bouillir dans deux litres d'eau ; en sorte que les racines soient attendries ; retirez-les alors du feu, et ajoutez-y huit grammes de réglisse nouvelle. On peut boire de cette tisane à ses repas ; on peut même couper son vin avec.

Cette tisane fortifie l'estomac. Elle est

bonne pour les maux de tête, et pour entretenir la santé.

Maux de dents.

Prenez dix ou douze feuilles de lierre frais et une pincée de sel ; faites-les bouillir dans un décilitre de bon vin blanc, jusqu'à réduction au quart, et gargarisez-vous-en la bouche le plus chaudement qu'il sera possible, et cela dans le plus fort de la douleur. S'il y a quelque dent creuse, il faut tâcher d'y faire entrer de la liqueur.

Cette décoction agace les dents pendant deux jours, et oblige de vivre de potage, de riz ou de bouillie; mais ceux qui s'en sont servis ont été bien dédommagés, la douleur n'ayant pas repris depuis qu'ils en ont fait usage.

Vertu du cassis.

On va chercher souvent des remèdes bien chers, et qui ne font point d'aussi bons effets et en si grand nombre que le cassis. Ce qui paraît presque incroyable, c'est qu'il y a peu de maladies qu'il ne guérisse en peu de temps, presque sans dépense ; et ce qu'il y a de consolant, c'est que, s'il reste sans effet, il ne fait jamais le moindre mal.

Il faut se servir, autant qu'on le peut, de ses feuilles fraîches, qui ont beaucoup plus de vertu que lorsqu'elles sont sèches.

La façon la plus commune de s'en servir pour les maux qui ne pressent pas, c'est de les mettre infuser avec d'excellent vin blanc ou rouge pendant vingt-quatre heures, dans une bouteille de verre qui ait le goulot large, afin qu'on puisse plus aisément en retirer les feuilles. On met deux poignées de ces feuilles ; on scelle bien la bouteille, afin qu'elle ne s'évente pas ; il faut en boire un demi-verre environ, une ou deux fois le jour, et davantage s'il est nécessaire, et remettre aussitôt du vin à proportion dans la bouteille : en sorte que le vin surnage toujours au-dessus des feuilles ; autrement, il aigrirait. Les mêmes feuilles peuvent servir quinze jours, si on les tient dans un lieu frais et qu'on ne les laisse pas éventer.

Ceux qui ont de l'aversion pour le vin, peuvent prendre le cassis avec de l'eau, dans laquelle on fera bouillir les feuilles comme on fait bouillir le café. Si ces feuilles sont sèches, on fera l'infusion plus forte.

Pour la toux sèche.

Faites bouillir 90 grammes de racine de buglose et autant de celle de chiendent, dans deux litres d'eau. Versez la décoction bouillante sur 30 grammes de fleurs de coquelicot, et sur trois têtes de pavots blancs coupés menus et enfermés dans un petit sachet, afin qu'on puisse les exprimer ; ajoutez-y 8 grammes de réglisse coupée par petits morceaux.

Cette tisane est incrassante et diaphorétique, bonne dans la toux sèche.

Contre l'enrouement et les rhumes invétérés.

Faites bouillir une demi-poignée de feuilles de pouliot dans une quantité suffisante d'eau pour avoir 180 ou 240 grammes de décoction ; passez par un linge sans expression ; ajoutez-y un peu de sucre candi ; prenez-la le soir en vous couchant, et réitérez pendant quelques jours.

Fièvre intermittente.

Remède sûr contre elle.

Prendre du café torréfié et passé par le moulin ordinaire la quantité suffisante pour deux tasses, c'est-à-dire 24 grammes, qu'on fait bouillir dans une *seule* tasse d'eau commune jusqu'à la consomption de moitié ; laisser reposer ; verser ensuite la décoction doucement et par inclinaison dans une tasse à café qui se trouvera à demi-pleine ; exprimer du jus de citron ou de limon jusqu'à ce que la tasse soit bien remplie ; mêler le tout ; le faire boire au malade chaudement le jour de l'intermittence, le matin à jeun, si cela se peut, ou à une heure convenable, pour que le remède ne trouve pas l'estomac occupé à la digestion des aliments. Une heure après, le malade prend un bouillon, demeure tranquille dans son lit le reste de la journée, et il observe une diète légère.

Les effets apparents de ce remède sont une abondante évacuation par les selles, mais sans tranchées ; d'autres fois, une sueur très-abondante, pendant laquelle le pouls est élevé et peu après devient ondulent. Il faut observer que, si on a fait procéder par les remèdes généraux, comme les purgations, la saignée, etc., le remède agit moins bien.

Poudre syphilitique.

Gomme arabique en poudre.	100	grammes.
Sucre de lait......................	175	id.
Sucre ordinaire...................	100	id.
Nitrate de potasse.............	50	id.
Ecorce d'orange amère......	40	id.

Divisez en 30 prises, à prendre une par jour, en solution dans un litre d'eau froide. Ce moyen est très-commode pour se traiter en voyage, ou chez soi, à l'insu de tout le monde.

Tisane anti-syphilitique.

Salsepareille coupée.......	60	grammes.
Rapure de gaïac..........	30	id.
Squine concassée..........	45	id.
Tige de douce-amère......	16	id.
Eau............................	3	litres.

Faites macérer le tout dans l'eau pendant 12 heures, et réduisez au tiers par l'ébullition ;

passez et buvez par verrées, dans le courant de la journée, en l'adoucissant avec le sucre, ou mieux le sirop de guimauve.

Nota. La racine de squine est noueuse, offrant des tubercules inégaux, d'une couleur fauve au dedans, jaune grisâtre au dehors.

La racine de squine est considérée comme sudorifique, anti-laiteuse, anti-goutteuse et anti-syphilitique.

Pour les abcès et pour les tumeurs.

Prenez beurre frais, saindoux de porc, suif de mouton, cire blanche, litharge d'or, de chacun 30 grammes ; huile d'olive, 60 grammes. Faites fondre la cire et les graisses avec l'huile, et mêlez peu à peu la litharge en poudre dans l'infusion, en remuant ; ôtez de dessus le feu, et remuez jusqu'à ce que l'onguent soit froid. Il est excellent pour les panaris, les abcès, et pour les tumeurs qu'on veut faire mûrir, amollir, suppurer et percer. Il est bon aussi pour la dureté des mamelles.

Suppression des menstrues.

Prenez 120 grammes d'une décoction faite

avec les racines apéritives, celles de garance, les feuilles d'armoise, de matricaire, d'hyssope, de scabieuse, de thym, de pouliot, de pois chiches; faites-y bouillir pendant un demi-quart d'heure 12 grammes de séné, 4 grammes de tartre soluble. Passez la liqueur, et faites dissoudre dans la colature 12 grammes de diaphénie et 30 grammes de sirop d'armoise.

Prenez cette potion le matin à jeun : elle fait des merveilles dans les menstrues.

Contre l'écoulement immodéré des menstrues.

Suc de mille-feuilles......... 120 grammes
Sirop de grande consoude.. 30   id.

Mêlez par cuillerées de temps en temps. Prenez cette potion le matin à jeun.

Pour toutes les maladies de la matrice.

Prenez un demi-litre de la meilleure eau-de-vie, dans lequel vous mettrez 25 grammes de *castoreum*, 2 décagrammes de camphre, et 8 grammes de baies de laurier concassées. Bouchez exactement la bouteille avec grande précaution, car il est à craindre que la force du remède ne s'exhale. On peut s'en servir après vingt-quatre heures d'infusion.

On en donne une cuillerée dans un verre de vin chaud.

Ce remède est propre contre toutes les maladies de la matrice.

Pour les vers des enfants.

Prenez la moitié d'une écorce d'orange, mettez-la tremper, le soir, dans un verre de vin blanc, et faites boire cette infusion, le matin, à l'enfant. Les vers sortiront par pelotons. On peut continuer plusieurs jours de suite, s'il est besoin. On augmentera la dose d'écorce d'orange, si c'est une personne plus avancée en âge.

Elixir de muguet.

Emplir un bocal de fleurs de muguet fraîches, sans les fouler; verser dessus autant d'esprit de vin qu'il en peut entrer; boucher exactement et laisser infuser deux mois; ensuite décanter et filtrer au papier gris.

On l'emploie avec efficacité dans les cas suivants : indigestion, dérangement d'estomac, coliques, suppression des menstrues. On en prend une cuillerée à bouche.

En faisant inspirer cet élixir par le nez, il guérit les humeurs séreuses qui se jettent sur les yeux.

FIN.

OUVRAGES DU MÊME AUTEUR :

	fr.	c.
Nouveau Guide des Poids et Mesures mis à la portée des personnes de toutes les classes et professions.	1	»
Album calligraphique, orné d'un grand nombre de vignettes, et contenant l'histoire intéressante de l'Ecriture depuis son origine jusqu'à nos jours.	3	»
La Touraine *(jardin de la France)* ; ses principales curiosités. Ouvrage orné de dessins lithographiés par l'auteur. . . .	1	»
Le Langage moral des Fleurs. Les dessins qui en font l'ornement, lithographiés par l'auteur, ajoutent un charme de plus à cet ouvrage, d'un nouveau genre.	2	»
Passe-temps instructif et récréatif pour tous les âges.	»	50
Le Mois de Mai dédié aux dames et aux amateurs de fleurs, ouvrage orné de dessins lithographiés par l'auteur.	»	50

POUR PARAITRE INCESSAMMENT :

LES PREMIERS RAYONS
DES
CONNAISSANCES USUELLES,

Ouvrage sur un plan entièrement nouveau.